www.ingramcontent.com/pod-product-compliance
Lightning Source LLC
Chambersburg PA
CBHW021136020426
42331CB00005B/793
* 9 7 8 2 0 1 9 1 2 0 0 0 9 *